楊照

中國傳統經典選讀 ①

尚書

追尋永恆的天命

目次

中國傳統經典選讀總序

楊照

一

二〇〇七年到二〇一一年，我在「敏隆講堂」連續開設了五年、十三期、一百三十講的「重新認識中國歷史」課程。那是個通史課程，將中國歷史從新石器時代到辛亥革命做了一次整理，其基本精神主要是介紹過去一百多年來在中國歷史研究上的許多重大、新鮮發現與解釋，讓中國歷史不要一直停留在「新史學革命」之前的傳統說法上，所以叫做「重新認識中國歷史」。

這套「中國傳統經典選讀」的內容，最先是以接續「重新認識中國歷史」的課程形式存在，因而在基本取徑上，仍然是歷史的、史學的，等於是換另一種不同的方式，重講一次中國歷史。

「重新認識中國歷史」由我從上下數千年的浩瀚內容中，依照我的判斷，選出重要的、值得介紹、討論的面向，來呈現中國歷史。「中國傳統經典選讀」則轉而希望降低個人主觀的選擇判斷成分，讓學員能夠從原典來認識、了解中國歷史。

從原典認識、了解中國歷史，牽涉到一項極其難得的幸運條件。兩千多年前的中國文字，兩千多年之後，我們一般人竟然都能不用透過翻譯直接閱讀，光靠直覺就能掌握其訊息大概，再多費點工夫多些解釋，還可以還原大部分的本意。中國古文字和我們今天日常使用的這套文字，有著明顯、強烈的延續性，現代通用的大部分文字，其起源可以直接追溯到《詩經》、《尚書》，少部分甚至還能再上推到甲骨、金文。儘管文法有相當差距，儘管字義不完全相同，但古文字和現代文字在運用上，有著容易對照的規律可循。

這是人類文明的奇特狀態。世界歷史上實在找不到另一個例子，從西元前三千年到現在，同一套文字、同一套符號與意義結合的系統，五千年沒有斷裂消失，因而可以直接挪用今天的文字習慣，來接近幾千年前的文獻。

高度延續性的文字傳統，在相當程度上決定了中國文明的基本面貌，也讓中國社會付出了相對的代價，才造就了現實中我們每個人身上極為難得的能力。我們沒有理由不去認知、善用如此特殊的能力吧！

二

閱讀原典的第一個理由是：中國歷史有其原初的材料，透過這些材料的累積、解釋、選擇，才形成了種種對於歷史的敘述說法。對於中國歷史有興趣的人，聽過了別人給的歷史敘述說法後，應該會想要回到原初材料，一方面看看歷史學者如何利用材料炒出菜餚的過程，一方面也自己去覆按檢驗歷史敘述的對錯好壞吧！

我們讀過課本介紹《詩經》是一本什麼樣的書，也聽過許多從《詩經》中擷取材料來重建西周社會面貌的說法，在這樣的基礎上去讀《詩經》，或許你會發現《詩經》的內容和你原本想像的不太一樣；也可以覆按你原先對西周的認識和《詩經》所顯現的，是不是同一回事。不管是哪種經驗，應該都能帶來很大的閱讀樂趣吧！

閱讀原典的第二個理由是：這些產生於不同時空環境下的文獻，記錄的畢竟都是人的經驗與感受，我們今天也就必然能夠站在人的立場上，與其經驗、感受彼此呼應或對照。也就是，我們能夠從中間讀到相似的經驗、感受，隔著時空會心點頭；也能夠從中間讀到相異的經驗、感受，進而擴張了我們的人生體會。

源於一份史學訓練帶來的習慣與偏見，必須承認，我毋寧比較傾向於從原典中獲取其與今日現實相異的刺激。歷史應該讓我們看到人類經驗的多樣性，看到人類生活的全幅可能性，進而挑戰質疑我們視之為理所當然的種種現實狀況。這是歷史與其他學問最根本的不同作用，也是史學存在、無可取代的核心價值。

三

前面提到，擁有延續數千年的文字，讓中國社會付出了相對的代價，其中一項代價，就是影響了中國傳統看待歷史的態度。沒有斷裂、一脈相承的文字，使得中國人和前人、古人極為親近、關係密切。歷史因而在中國從來都不是一門研究過去發生什麼事的獨立學問，歷史和現實之間沒有明顯的界線，形成無法切割的連續體。

理解歷史是為了要在現實上使用，於是就讓後來的觀念想法，不斷持續滲透進中國人對於歷史的敘述中。說得嚴重一點，中國的傳統態度，是一直以現實、針對現實所需來改寫歷史。後世不同的現實考量，一層層疊在歷史上，尤其是疊在傳統經典的解釋上。因而我們不得不做的努力，是想辦法將這些後來疊上去的解釋，倒過來一層一層撥開，看看能不能露出相對比較純粹些的原始訊息。如此我們才有把握說，從《詩經》中，我們了解了兩千年前、兩千五百年前中國的某種社會或心理狀況；或是盡量放在周初的政治結構下來呈現《尚書》所表達的周人封建設計，而不至於錯置了秦漢以下的皇帝制價值，來扭曲《尚書》的原意。

意思是，我不會提供「傳統」的讀法，照搬傳統上對於這些文本的解釋。許多傳統上視之為理所當然的說法，特別需要被仔細檢驗，看看那究竟是源自經典原文的意思，還是後來不同時代，因應其不同現實需求，所給予的「有用」卻失真的解讀。

將經典文本放回其產生的歷史時代背景，而非以一種忽略時代的普遍角度，來讀這些傳統經典，是關鍵的前提。也是「歷史式讀法」的操作型定義。

在「歷史式讀法」的基礎上，接著才會有「文學式讀法」。先確認了這些經典不是為我們而寫的，它們產生於很不一樣的時代，是由跟我們過很不一樣生活的先人們所記錄下來的，於是我們就能排除傲慢、自我中心的態度，培養並動用我們的同理心，想像進入他們那樣異質的生活世界中，去接近他們的心靈遺產。

在過程中我們得以拓展自己的感性與知性能力，不只了解了原本無法了解的異質情境；更重要的，還感受了原本從來不曉得自己身體裡會有、可以有的豐富感受。我們的現實生活不可能提供的經驗，只存在於古遠時空中的經驗，卻藉文字跨越了時空，對我們說話，給我們新鮮、強烈的刺激。

正因為承認了經典產生於很不一樣的時空環境，當我們對經典內容產生感應、感動時，我們有把握，那不是來自於用現實的考量，斷章取義去 appropriate（套用）經典，而是這裡面真的有一份普遍的人間條件貫串著、連結著，帶領我們對於人性與人情有更廣大又更精細的認識。

四

「選讀」的做法，是找出重要的傳統經典，從中間擷取部分段落，進行仔細解讀，同時以這些段落為例，試圖呈現一部經典的基本面貌，並說明文本與其產生時代之間的關係。

傳留下來的中國經典規模龐大，要將每一本全文讀完，幾乎是不可能的。因而我選擇的策略，是一方面從原典中選出一部分現代讀者比較容易有共感的內容，另一方面則選出一部分可以傳遞出高度異質訊息的，讓大家獲得一種跨越時空的新鮮、奇特刺激。前者帶來的效果應該是：「啊，他說得太有道理了！」後者期待在大家心中產生的反應則是：「哇，竟然有人會這樣想！」

解讀的過程中，會設定幾個基本問題。在什麼樣的時代、什麼樣的環境中，產生了這樣的作品？當時的讀者如何閱讀、接受這部作品？為什麼承載如此內容的作品會成為經典，長期傳留下來，沒有被淘汰消失？這樣一部作品，曾經發揮了什麼影響作用，以至於使得後來的其他什麼樣的典籍、或什麼樣的事件、思想成為可能？前面的經典和後面的經典，彼此之間有著怎樣的關係？

這幾個問題，多少也就決定了應該找什麼樣的經典來讀的標準。第一條標準，是盡量選擇具有原創性、開創性的作品。在重視、強調歷史、先例的文化價值下，許多中國著作書籍，是衍生性的。《四庫全書》所收錄的三千五百多種書籍，其中光是解釋《論語》的，就超過一百種。不能說這些書裡沒有重要的、有趣的內容，然而畢竟它們都是依附《論語》這部書而來的衍生產物。因而我們就知道，優先該選、該讀的，不會是這裡面任何一本解釋《論語》的書，而是《論語》。《論語》當然比衍生解釋《論語》的書，具備更高的原創性、開創性。

這條標準下，會有例外。王弼注《老子》，郭象注《莊子》，都大量援引了佛教觀念來擴張原典說法，進而改變了魏晉以下中國人對「老莊」的基本認識，所以雖然在形式上是衍生的，實質卻藏著高度開創性影響，因而也就應該被選進來認真閱讀。

第二條標準，選出來的文本，還是應該要讓現代中文讀者讀得下去。有些書在談論中國歷史時不能不提，像是《本草綱目》，那是中國植物學和藥理學的重鎮，但今天的讀者面對《本草綱目》，還真不知怎麼讀下去。

還有，一般中國文學史講到韻文文體演變時，固定的說法是「漢賦、唐詩、宋詞、元曲」，唐詩、宋詞、元曲當然該讀，但漢賦怎麼讀？在中國文字的擴張發展史上，漢賦扮演了重要的角色。漢朝的人開始意識到外在世界與文字之間的不等對應關係，很多事物現象找不到相應的字詞來予以記錄、傳達，於是產生了巨大的衝動，要盡量擴充字詞的範圍，想辦法讓字詞的記錄能力趕上複雜的外界繁亂光景。然而也因為那樣，漢賦帶有強烈的「辭書」性格，盡量用上最多最複雜的字，來炫耀表現寫賦的人如此博學。

漢賦其實是發明新文字的工具，儘管表面上看起來好像是文章，有其要描述、傳達的內容。多用字、多用奇字僻字是漢賦的真實目的，至於字所形容描述的，不管是莊園或都會景觀，反而是其次手段。描述一座園林，不是為了傳遞園林景觀，也不是為了藉園林景觀表現什麼樣的人類情感，而是在過程中，將園林裡的事物一一命名。漢賦中有很多名詞，一一指認眼前的東西，給他一個名字；也有很多形容詞，發明新的詞彙來分辨不同的色彩、形體、光澤、聲響……等等；相對的，動詞就沒那麼多。漢賦很重要，絕對值得介紹、值得認識，卻很難讀，讀了極端無趣。真要讀漢賦，我們就只能一個字一個字認、一個字一個字解釋，很難有閱讀上的收穫，比較像是在準備中小學生的國語文競賽。

還有第三條標準，那是不得已的私人標準。我只能選我自己有把握讀得懂的傳統經典。例如說《易經》，它是一本極其重要的書，卻不在我的選擇範圍內。儘管歷史上古往今來有那麼多關於《易經》的解釋，儘管到現在都還一直有新出的《易經》現代詮釋，然而，我始終進入不了那樣一個思想世界。我無法被那樣的術數模式說服，也無從分判究竟什麼是《易經》原文所規範、承載的意義，什麼是後世附麗增飾的。遵循歷史式的閱讀原則，我沒有能力也沒有資格談《易經》。

五

選讀，不只是選書讀，而且從書中選段落來讀。傳統經典篇幅長短差異甚大，文本的難易差異也甚大，所以必須衡量這兩種性質，來決定選讀的內容。

一般來說，我將書中原有的篇章順序，當作內容的一部分；也將書中篇章完整性，當作內容的一部分。這意味著，除非有理由相信書中順序並無意義，或為了凸顯某種特別的對照意義，我盡量不打破原書的先後順序，並且盡量選擇完整的篇章來閱讀，不加以裁剪。

從課堂到成書，受限於時間與篇幅，選出來詳細解讀的，可能只占原書的一小部分，不過我希望能夠在閱讀中摸索整理出一些趨近這本原典的路徑，讓讀者在閱讀中逐漸進入、熟悉，培養出一種與原典親近的感受，做為將來進一步自行閱讀其他部分的根柢。打好這樣的根柢，排除掉原先對經典抱持的距離感，是閱讀、領略全書最重要的開端。

第一章　中國古代知識系統的形成

神聖文字與世俗文字

這本書，叫做《書》、《書經》或《尚書》，不同的稱呼，重點都在「書」字上。

「書」字在今天的日常語言中，只留下了一點點甲骨、金文中所見的象形造字原意。像是「書畫展」兩字連用，有些人看到了，產生的聯想恐怕會是一條長桌上擺放一堆書籍，後面的牆壁上則掛著一幅幅的畫。不是的，「書畫展」展的是「書法」和「圖畫」作品。所以「書家」不等於「藏書家」，前者專精於寫字，後者則是以收藏了大量的、特別的書籍聞名。

「書法」，本意是「寫字的方法」。不是每個會寫字的人，都能寫「書法」，要寫得符合一定的規範，到達一定的程度，才是「書法」。「書」的甲骨、金文原形是手裡握著一枝筆的形象，放在像是砂盆般的容器上，所以本意是「寫」。當名詞用時，指的則是「被書寫下來的」，或是「被記錄下來的」。

《尚書》的「尚」，意思是時間上高古久遠。《尚書》二字連用，說明了這本書的內容，是高古久遠前，幾乎是中國最早記錄下來的資料。最早留下來的，是什麼樣的資料呢？是周代朝廷、政府的官方文件。

中國文字的起源極為特殊：第一，中國文字不是表音的；第二，中國文字具備很特別的功能。商代的甲骨文，在形體與功能上，都很接近埃及的象形文字。裡面有許多符號源自於對於自然現象的模仿抄記，以圖畫或簡筆的方式表示，方便一眼看出其意義。在古中國和古埃及，文字的用途明顯都帶有宗教性，具備溝通記錄超越領域神明訊息的功能；而且文字都被統治階級獨占，其他人不能隨便僭用。

埃及的法老，本身就是神，有著神的名字。中國商代的王不是神，比較接近是同時領有大祭司的身分，所以可以透過種種方式，與居住在另一空間的祖先溝通，獲得祖先的指引或協助。商王的地位與權力，很大一部分源自他控制、甚至壟斷了和祖先之間的溝通。「卜」是他用來領受祖先訊息的重要形式，「甲骨文」則是他用來記錄祖先訊息的一套神祕符號。

這和美索不達米亞平原發展出的楔形文字，大異其趣。楔形文字是表音的，用蘆筆在泥板上畫出少數幾個符號，就可以用來記錄語言。而且楔形文字的原始用途，主要是在商業上。楔形文字從記錄商業行為進而演變為商業契約，充分利用了文字一旦寫下就不會變動的特性，彌補語言無法精確存留的缺點。

到大英博物館或羅浮宮去參觀他們的「古代近東」部門，就會發現主要的藏品中，一定有為數龐大的「泥印」。「泥印」是圓柱形的，上面刻蝕了漂亮的花紋，曬乾或烤乾了之後，用來保障泥板上書寫內容不被任意改動。具備有契約意義的泥板，就需要加封另外一層泥片，在上面用「泥印」滾過，「泥印」上的花紋轉印在泥片上，人家就沒辦法在不破壞泥印花紋的情況下，改動底下泥板的文字內容。這是蘇美人，乃至於整個兩河流域商業貿易之所以早早發達的關鍵助力。

原本用在宗教上的中國文字，到商周之際，經歷了重大變化。周人承襲了殷商的文字，卻將其原有的強烈宗教色彩除去，賦予文字很不一樣的意義。

商朝很早就掌握了高超的青銅器鑄造技術，商人會在青銅器上鑄刻銘文，不過這些銘文主要屬於「族徽」的性質，用來標示青銅器屬於哪個家族，並不是真正的文字。

到了周人手中，青銅器銘文的性質改變了。周代青銅器上開始有了「金文」，也就是文字的連綴。很快地，青銅銘文有了固定的格式，其中一個常見的銘文用語，是「子子孫孫永保用」。這個句子表明了周人看待青銅器的重點——這是可以抵抗時間，不會毀壞，能夠一代代不斷傳留下去的東西。此外，也標示出了在青銅器上刻鑄文字的核心用意——讓這些由文字記錄下來的訊息，可以和青銅器同樣不朽，一直保留著。

從商代的「甲骨文」到周代的「金文」，儘管兩者使用的文字符號高度重疊、雷同，但其根本精神卻已有了巨大改變。「甲骨文」的本質是神祕的，代表超越的訊息；「金文」的本質則在於凝結、固定、傳留意義。書寫的行為，在殷商時帶有人世之外的神祕氣息，在周代則呈現強烈的時間感，或說「抗拒時間流逝」的特性。

為何書寫？為了要把有價值的訊息或真理，藉由文字固定下來，得以跨越歲月，讓後人也能接收。周代的書寫，最早從和青銅器的結合，取得了這樣的新意義，然後這種性質回過頭來感染、傳遞到文字上。不只是刻在不朽青銅器上的文字，而是所有的文字都被周人視為恆久的，因此受到重視，甚至受到尊敬。

因為這樣的淵源，使得周代早期的文字紀錄，掌握在極少數人手裡，屬於那些有能力從殷商那裡學會如何刻寫文字，又有能力繼承殷商青銅鑄造技術的極少數人。也就是說，文字在周代，明確屬於「王官」的傳統，是以姬姓、姜姓等幾個建立周朝的大族為中心，所發展出來的統治階層文化。

其次，文字和時間、世系縱向聯繫，有著密切關係。為了保留，所以不辭辛勞寫下來。那也就表示了周人建立了一套新的標準，認為有些前人的所作所為具備特殊價值，不該隨時間消逝，應該找到方法把它們留存下來。所以他們就挪用了本來商人發明用在記錄非人事、超越界訊息的文字，改成這樣的用途。

《詩經．國風》裡的內容，大部分明顯來自於民間傳唱的歌謠，如果不是有「采風」、「采詩」的封建政治動機，這些內容應該也不會被轉成文字記錄下來。於是，這些原本表達小人物素樸情感的詩，到後來會被《大序》、《毛詩》詮釋成承載政治大道理的工具，也就不令人意外了。

原本屬於民間的歌謠，為著統治或統治教育上的需要，才有機會化為文字，在「王官學」中找到位置，被傳留下來。後來與《詩》一起被列為「經」的書寫內容，都帶有這種共同的歷史特性。

被遺忘的《尚書》

在這些「經」之中，《尚書》和「王官學」的關係最直接、最密切。

《尚書》裡所收的內容，在周代就稱《書》，指向這是最早的書寫記錄，是周人最早認定應該被書寫下來的內容。到了漢代，因為「書」這個字運用愈來愈廣泛，為了分辨出專有名詞的意義，才將《書》改稱為《尚書》，然而「尚」這個字，仍然清楚標舉了「時間上最古遠」的意思。

《尚書》、《詩經》都是西周貴族教育中的核心內容，不過進入東周之後，這兩份文本有了不太一樣的遭遇。《詩經》逐漸呈現出高度的實用性，被運用在日常交談及外交折衝上。《詩》也構成了優雅言詞的基礎，即使是表達同樣的意念，輾轉透過《詩》中句子作為典故來說，會讓說話的人顯得有氣質些，有效地提高了表達內容的說服力。

春秋戰國時，原本「王官學」中的《詩》之學，非但沒有在列國相爭的新環境中沒落，反而還取得了進一步發展的新生命。所以，《詩》得到了較好的保存，而且和東周以降的中國語文，有著比較密切的連接。相對地，到了春秋戰國時代，《尚書》雖然也被新興的百家言論引用，但其普遍性遠遠不及《詩經》。

《尚書》裡大量保留了西周初期的文字寫法，其文法和西周青銅器上的「金文」大體相同。將文字保留在青銅器上的做法，到了西周中期之後，明顯衰退了，最有可能的原因是受到了在木竹簡上刻寫文字的新風氣影響。畢竟，在木頭、竹子上刻寫文字比刻鑄在青銅器上要容易太多了。就算木頭、竹子的保存時間比青銅差，但木竹上可以方便刻寫更多內容，而且便於抄錄副本的優點，足以彌補其缺點。

比對「甲骨文」和「金文」，儘管「甲骨文」的時代早於「金文」，我們發現「甲骨文」的文字總數，超過「金文」，這反映了青銅器鑄造難度，限制了「金文」的發展。青銅刻鑄耗時費工，所以「金文」必定高度減省、濃縮，走的是一條與語言無關，自成一格的書寫文法。改成將文字寫在木竹簡上，必定會開放出文字的新自由空間，看到新字、新詞、新句，乃至於較為複雜的文法出現。

書寫的新形式與新空間，同時也打開了文字接近語言的可能性。儘管木竹簡上的文字，用的還是舊的非表音符號，但在可以寫得比較長、比較快的技術影響下，文法就有了活潑變化的可能。

在「金文」和《尚書》的文法中，同一個字往往要在不同的句子裡承擔不同的意思。因而必須有方法來標示這個字在這裡到底應該讀作其眾多意思中的哪一個，所以只有少數受過特殊訓練的人，才有能力解讀、書寫。

基於書寫技術革新而連帶產生的文法變化，差不多就發生在春秋時期，恰好也是「王官學」與「諸子學」消長交替的關鍵年代。「王官學」是西周封建文化中固定的貴族教育內容，「諸子學」則是封建秩序動搖後，新產生的帶有地域、乃至個人色彩的思想學問。「王官學」和「諸子學」交接處最重要的產物，就是記錄孔子言行的《論語》。從記錄孔子個人言行這件事看，《論語》是最早的「諸子學」文獻，不過《論語》記錄中的核心，又是孔子對弟子傳授、解釋關於傳統「王官學」的教育內容。

「金文」的沒落，意味著《尚書》所使用的這套文法，逐漸被新的文法取代了，也意味著《尚書》和後來興盛的「諸子學」所使用的文法，有了愈來愈大的時代隔閡。而且《尚書》的內容又不像《詩經》那樣取得了明確的實用價值，以至於到了戰國後期，理解《尚書》的人就變得很少了，《尚書》的傳抄也出現了問題。

周代結束後，迎來了秦代的知識學問浩劫。統一是許多東周君主都有過的志業，也是長年戰亂之後很多人民都期待的，但最終獲勝的秦始皇，他最大的野心，不在於統一六國。秦始皇最驚人的地方，是他不只要完成一統，還要建立一片過去沒有出現過、不曾存在過的新天新地。

他要切斷時間、切斷歷史，重新開始。所以他選擇了一個前所未有的名號——「皇帝」，又將自己稱為「始皇帝」，並且律定在他後面當皇帝的，都按照數字排下去就好，「二世」、「三世」……直到「百世」、「千世」。

這樣的命名方式，推翻、改變了周代的「諡號」傳統。我們今天稱為「周武王」的這個人，當他活著時，是不會知道自己叫「周武王」的。「武王」名號是他死了之後，繼任的天子與臣子們依照他一生的行誼功績，選出一個字來代表、總結或凸顯他的作為。換句話說，「諡號」就是對帝王蓋棺論定的成績單。

「周幽王」如果知道自己將得到「幽王」的名號，一定會拒絕，一定會想辦法改掉。那是個帶有強烈譴責意味的，很糟糕的成績單。「諡號」從周代建立之後，一直保留著，成為我們今天一眼就能判斷一個君王好壞的簡單記號，就只有秦代是例外。

秦始皇不接受這種作法，不接受死後還要被繼位者及臣下議論。他推翻了周代的陳規，自己設計了另外一套純粹只以數字標示前後順序的辦法。而他就是「始」，是「第一個」，前面沒有任何其他人。還有，透過純粹數字，他可以安心地想像自己的王朝跟數字一樣，可以無限累積延續下去。

秦始皇的野心是要推翻周代一切制度，取消「諡號」只是其中一環而已。這項空前的野心，使得秦始皇在統一六國之後，非但沒有安逸享受，還日夜忙碌，不得休息。所以他最討厭、最受不了的，就是在設計、推動任何事務時，有人用「以前不是這樣的」來質疑、反對他。偏偏過去周代的基本價值原則之一，就是引用過去的例子，來鑑戒當前情況，周人相信先王聖賢的智慧與真理都保留在舊有的紀錄中。

秦始皇有名的暴政之一——「焚書」，就是要消滅代表舊「王官學」的著作，禁止人們「耳語詩、書」，就是禁止引用《詩》、《書》等內容來批評時政。和「焚書」相關的另一項暴政是「坑儒」，雖然《史記》裡記載的事件中，被坑的並不是「儒生」，而是「方士」，不過「坑儒」的說法，因為符合秦始皇衷心厭惡以傳統為務的儒生，而留了下來。

這是要徹底切斷秦和周之間連續關係的激烈手段，於是，屬於周代

「王官學」傳統中的文獻，在這過程中遭受了巨大破壞。《詩》和《書》是當時人心目中最能代表周代文明價值的文獻，待遇尤其悽慘。

王官學之復興

秦被推翻後，取而代之的是劉邦建立的漢朝。劉邦是個什麼樣的人？他是個南方楚地的流氓混混。《史記》裡多次記錄他的種種無賴行徑，還特別說到他討厭儒生，遇到有人戴著「儒冠」來見他時，他會動手動腳把人家的「儒冠」摘下來，往人家的帽子裡撒尿。當上了皇帝之後，他身邊的陸賈喜歡引用《詩》、《書》，劉邦聽了很不爽，就說：「你老子靠著在馬上打仗得到天下，要《詩》、《書》幹什麼！」陸賈才沉著地說出了「馬上得天下，安能馬上治天下？」的名言。

也就是說，在厭惡儒生、輕蔑周代舊傳統這件事，其實漢高祖和秦始皇並沒有那麼不同。漢朝雖已創立，但「漢家制度」卻還得等一段時間，才能真正形成。從高祖到文帝、景帝，漢朝並沒有對秦始皇建立的制度進行全面檢討、改造。「文景之治」最被稱道之處，是「無為而治，與民休息」，最能代表這種精神的，是「蕭規曹隨」的故事，因而我們可以知道，在那段時間中，新朝代新政府除了廢除秦代太過於沉重的繇役、稅賦之外，並沒有積極去創造自己的新制度。

「緹縈救父」的故事讓我們知道，一直到文帝時期，漢朝仍然保留著殘酷的「肉刑」。從《史記・酷吏列傳》中，我們知道秦代信奉的法家嚴刑峻法原則，一直延續到漢初。

意思是，反對周代「王官學」的人文精神，強調看重現實法律，要求人民「以吏為師」的這種風氣，並不只短暫存在於秦代的十幾年之間，而是秦亡之後，又在漢初延續了好幾十年。一直要到漢武帝「獨尊儒術」之後，漢朝才算真正逆轉了秦朝的政治意識形態，致力於繼承原本的周代傳統。

從秦始皇到漢武帝，「王官學」經歷了被壓抑、被邊緣化、被遺忘的種種過程。漢武帝的歷史地位，就在於依靠他的雄才大略，決定了漢朝的方向，從原來文帝、景帝的保守、觀望態度中跳脫出來。他決定了重新擁抱「王官學」的傳統，走一條和秦始皇相反的路，所以把原來有著各式各樣五花八門項目的「博士官」[1]，收拾統合成為「五經博士」，除了「五經」，也就是除了「王官學」的內容之外，其他都從朝廷正統裡被趕出去了。

幾十年的壓抑、遺忘後，即使再被武帝抬高為帝國的知識正統，畢竟還是有些「王官學」的內容，受到了無法還原的傷害。相對地，《詩》受到的破壞較少。一來因為直到戰國末年，都還有那麼多人讀《詩》、頌《詩》，將《詩》廣泛運用在生活中；二來，《詩》的本源是歌，以有規律、不斷反覆的聲音為其主體，很容易保存在記憶中，一時失去了文本，其實影響不大。秦滅亡之後，不待漢朝朝廷提倡，《詩》之學很快就還原復興了，早早就有了「齊詩」、「魯詩」、「韓詩」等家派，後來又有了「毛詩」。

《尚書》則沒有那麼幸運。戰國末年，《尚書》之學已經凋零沒落了，懂《書》、傳《書》的人很少。《書》的內容又極為高古，和當時流行的文法有極大差距，而且沒有韻腳的規律，幾個人能把這樣的內容

1 漢初仿秦制設博士官，項目駁雜，文帝時多達七十餘人，其中包括《孟子》博士、《孝經》博士、《爾雅》博士、《論語》博士等等。

記在腦海裡呢？到了秦代，書籍文本被管制、消滅，不用多久，《尚書》的內容就很難復原了。

哪個版本才可靠

經秦之破壞，漢初《尚書》幾近失傳。《史記．儒林列傳》記載：

「……孝文帝時，欲求能治《尚書》者，天下無有，乃聞伏生能治，欲召之。是時，伏生年九十餘，老不能行，於是乃詔太常使掌故朝錯（晁錯）往受之。秦時焚書，伏生壁藏之，其後，兵大起，流亡。漢定，伏生求其書亡數十篇，獨得二十九篇，即以教於齊魯之間，學者尤是頗能言《尚書》，諸山東大師無不涉尚書以教矣。」

這是歷史的偶然幸運。伏生在牆裡藏了禁書，受戰禍影響離開，回來時牆裡的書還保存了二十九篇。他拿這二十九篇教學生，留下一點《尚書》經學的種子，到了文帝時，稍稍注意講究經學，伏生超過九十歲了，竟然還活著，才能夠把他的《尚書》學問傳給晁錯。

原來「王官學」傳統中的《尚書》，應該有百篇左右，伏生所教的，只剩下不到三十篇。而且伏生傳《尚書》，雖說有壁中藏書，但好像主要還是靠他記憶口傳，到文帝時，這二十九篇舊籍應該也已經不存了。

另一種可能，是伏生所藏的《尚書》，是用大篆寫成的，秦代施行「書同文」的政策，以小篆作為統一的文字，因而到了文帝時，也就沒有什麼人讀得懂大篆了，是以《尚書》篇章內容，只能靠伏生口說傳授。

伏生所傳的二十九篇《尚書》，用漢代當時的文字重新抄錄過，後來就被稱為《今文尚書》。會加上「今文」二字以示區別，是因為後來出現了《古文尚書》。

劉歆〈移太常博士書〉：「魯恭王壞孔子宅，欲以為宮，而得古文於壞壁之中，《逸禮》有三十九，《書》十六篇，天漢之末，孔安國獻之，遭巫蠱倉卒之難，未及施行。」

班固《漢書．藝文志》：「《古文尚書》者，出孔子壁中。武帝末，魯共王壞孔子宅，欲以廣其宮，而得《古文尚書》及《禮記》、《論語》、《孝經》凡數十篇，皆古字也。共王往入其宅，聞鼓琴瑟鐘磬之音，於是懼，乃止不壞。孔安國者，孔子後世，悉得其書，以考二十九篇，得多十六篇，安國獻之，遭巫蠱事，未列於學官。」

比對文獻，《漢書．藝文志》中「武帝末」的說法，恐怕有誤。應該是在景帝時，魯恭王想拆掉保留多年的孔子舊宅，結果在牆壁裡發現了用古老文字抄寫的書籍多篇。魯恭王後來打消了拆孔子宅擴充自己宮室的念頭，古書則落入孔子後裔孔安國手中。武帝時，孔安國將書獻給武帝，所獻的《尚書》，比原來伏生口傳的，多出十六篇。這是《尚書》分別「今文」、「古文」的來歷。

不過，孔安國獻上的《古文尚書》，當時並沒有特別受到朝廷的重視。朝廷已經設立了「五經博士」，《尚書》部分的博士官，都是以伏生所傳的「今文」為本的。這些博士官大概讀不懂「古文」，也沒有動機去改變自己所主掌的知識內容。因為沒有立為博士，缺乏朝廷的支持，這些《古文尚書》的篇章，到了西晉，又都散佚消失了。

西漢成帝時，曾經有一個叫張霸的人，他大膽地假造了一套共有一百零二篇的《尚書》呈給皇帝。皇帝要人從庫房裡找出當年孔安國所獻的書予以對照，發現同樣的篇名卻有完全不同的內容。

王充《論衡．正說》：「於是下霸於吏，吏曰霸罪當至死，成帝高奇才而不誅，亦惜其文而不滅，故百兩之篇傳在世間。傳見之人，則謂《尚書》有百兩篇矣。」

依照王充《論衡》的說法，成帝雖然明知張霸呈上的《尚書》是假的，卻很欣賞張霸的文才，不只饒他不死，還讓他的假《尚書》在世間流傳，於是讀張霸偽造之書的人，就相信《尚書》全部應該有一百零二篇。

從這段記載我們大概可以了解：第一，到成帝時，孔安國所獻的《古文尚書》還留在宮中；第二，皇帝實在不怎麼重視《尚書》這門學問，覺得讓偽造的《尚書》流傳也沒什麼關係。

再往下，到了東晉。孔安國所獻之《古文尚書》，突然又出現了，是豫章郡內史（太守）梅賾所獻。

魏徵《隋書．經籍志》：「晉世秘府所存者，有《古文尚書》經文，今無有傳者。及永嘉之亂，歐陽，大、小夏侯《尚書》並亡。至東晉，豫章內史梅賾，始得安國之傳，奏之。」

這次出現的《尚書》共有五十八篇，仔細比對可以發現，有三十三篇的內容，和原來伏生所傳的二十九篇，是重複的，只是將〈堯典〉和〈皋陶謨〉兩篇給拆開來，其他二十五篇則是《今文尚書》所沒有的。

此後超過千年的時間，梅賾所呈的《古文尚書》被視為是《尚書》最完整的版本。不過從宋朝開始，就有學者對梅本《古文尚書》提出質疑，覺得不管在字句或意思上，多出來的二十五篇，都和原來的二十九篇有很大的差異。到了清朝，考據學大為發展，閻若璩寫了《古文尚書疏證》，仔細羅列所有找得到的文獻證據，提出了超過一百條論點，顯示《古文尚書》是假的。

閻若璩的書一出，此案算是定了，那二十五篇絕對不是《尚書》

原文，於是我們有把握可以閱讀的《尚書》原文，又回到了伏生所傳的二十九篇。

累積千年的知識層級系統

為什麼張霸、梅賾要費那麼大功夫去偽作《尚書》？最直接的動機，應該是引起朝廷注意，藉此得到名利或升官機會。再進一步問：為什麼偽作《尚書》會得到朝廷特別的關注呢？那就牽涉到中國根深柢固，而且愈來愈強烈的「尊古」觀念。

我說：「大家應該每天早起。」這話是我說的，多少人會聽、願意聽呢？換一個方式，我說：「文獻中記載，周文王告誡大家，每天早起才能成就事業。」話裡面的訊息其實是完全一樣的，但換個說法，顯然就能吸引更多人。

為什麼周文王來說，比你我說來得有效果？對傳統中國社會來說，至少有一個不言而喻、不需要講不需要討論的理由是：周文王時代古遠，時代愈古遠，所說的話就愈近真理，愈具備權威。

「尊古」的精神刺激了中國歷史學的蓬勃發達，也創造了我們今天還能讀這些千年古書的基本條件。「尊古」，才會不憚其煩地保留老東西，寧可花幾倍的時間與精力去學習不方便的文字符號，以及和語言分離的複雜文字文法。不過，「尊古」卻也讓中國文化付出一定的代價。

其中一個代價，就是養成大家「依附古人說話」的習慣。中國傳統書籍中，占最大部分的，屬於「傳注」形式，這是一層層解釋古代文獻，同時也是一層層依附古人說話的結構。「經－傳－注－疏」是其基本層次，「傳」的用途是解釋「經」，「注」的用途是解釋「經」和「傳」，「疏」則用來解釋「經」、「傳」、「注」。一層層疊架著，而且裏頭有著明確的詮釋權力安排，底下一層的解釋，不能去質疑、改動上一層的。

由「尊古」而「崇古」，而建立了一套嚴格的知識權威系統，明白地將後來產生的知識，置於先前、古老知識之下，不准它們平起平坐。

後來的人再聰明、再有學問，都只能將力氣放在「注」、「疏」或「集解」上。大儒如朱熹，因為生在宋朝，他對中國學術產生最大衝擊影響的，就不會是靠他自己的著作或「語錄」，而是靠他對古代經籍所做的「集解」，靠他將〈大學〉、〈中庸〉從《禮記》裡抽出來，和《論語》、《孟子》並列為《四書》。也就是：靠他懂得如何找到一種將個人哲學意見依附在古書上的辦法。

我們很容易可以想像，這套知識層級系統，對於後世有想法、有看法的人，產生了多大的限制。吾生也晚，生在不能寫「經」，不能寫「傳」，只能做「疏」、做「集解」的時代。但就算我有學問可以做「疏」做「集解」，又被規定「疏」和「集解」既不能破「經」，也不能破

「傳」，也不能破前人的「注」。這不也就是說：前人沒說過、沒表達過的，我都不能說、不能表達了？

除非……除非把我要說、要表達的話，想辦法塞進古人的口中，讓古人來替我說。「尊古」、「崇古」的另一面，就是「偽古」帶來的強烈誘惑。不只自己想講的話必須塞進古人口中，就算要和別人辯論、表達反對意見，也得找古人幫忙。有人引用了周文王的話，主張大家都該早起，你不同意，你覺得晚睡晚起也有其好處，如果你真的希望別人聽聽晚睡晚起的道理，那沒辦法，唯一的方式是去找到，或去發明：帝堯曾經說過晚起有助於保持一整天的活力。

今天讀中國傳統經典，不能不把這件事放在心上。過去一百多年，中國社會天翻地覆的變化，在知識上產生的相應效果，就是革除掉了「尊古」、「崇古」的價值，逆轉為「追新」、「崇新」，於是能夠擺脫「尊古」、「崇古」產生的偏見，對眾多典籍進行總體檢、總整理。

傳統上說這些文獻產生在什麼時代，我們不能照單全收。傳統上視為西周的文獻，我們得提高警覺查看，是什麼時代的人如此主張？儘管不是個嚴格的理論，但當年顧頡剛在《古史辯》中提出的「古史層累構成說」，仍然有值得我們參考的價值。

那是一個大破壞、大逆轉的時代，從傳統極端「崇古」一下子轉成極端「疑古」，懷疑中國在西周中期之前的歷史，都是不可信的。西周「共和」時代之後，有《左傳》的資料可供覆案，算是有憑有據，算是信史。但照傳統說法，在西周之前，已經有了非常漫長、豐富的歷史，從盤古開天到黃帝蚩尤到三皇五帝到堯舜禹湯文武周公，這些是從哪裡來的？

顧頡剛的意見，簡單說，就是在春秋戰國時期，中國經歷了一段古史大創造的運動。因為那是個大辯論的時代，迸發出百種千種不同意見，彼此競爭。為了增強自己意見的可信度，壓倒論敵爭取支持，很多人不約而同訴諸於假造古代權威。在「尊古」、「崇古」的風氣下，愈是晚出的想法，就要訴諸於愈早的古史權威。

要質疑周代信念，就要將自己的意見依託在周代之前的商代。要推翻號稱是商代觀念的意見，那就必須將自己的意見進一步依託給比商代更早的夏禹或堯、舜。那麼要質疑依託給堯、舜的意見時該怎麼辦？當然就是找出比堯、舜更早的少昊、黃帝，讓他們來替你撐腰了！

於是，說法上時間愈早的人物、事件、思想，往往是愈後來才創造出來的。在那段時間裡，中國古史以一種奇特的倒反方向，不斷增添更古遠的內容。這就是「古史層累構成說」的基本看法。

但是，顧頡剛的說法並不是全然地正確。在他提出這個說法之後，安陽殷墟的發掘，已經將中國的信史，明確地從西周中期上推到殷商，而且因為《史記．殷本紀》所列世系表和甲骨文所見，大致符合，從而推斷，《史記》中關於殷商建立過程的描述，或許有一定的事實基礎。我們也不能機械地看待「層累構成說」，拿來一一對應，主張緜的時代比夏禹早，就一定是比夏禹晚出的傳說。

雖然我們不能全盤接受顧頡剛的說法，這畢竟還是重要、有用的提醒。提醒我們別用太天真、太簡單的方式來看待中國古史。中國古史有其構成的過程，也就有其如何構成的特殊動機。古史的記載，更別說古史的說法，絕不能輕易等同為歷史事實。

第二章　三千年前的政治啓蒙

一字多義多用途

《尚書》分成三個部分——「虞夏書」、「商書」和「周書」。依照傳統讀法，《尚書》如此涵蓋了漫長歷史時期，包括了堯、舜、夏、商、周所留下來的政府文書。所以最早的是〈堯典〉，然後有以〈湯誓〉為首的商代文書，最後是以〈牧誓〉帶頭的周代文書。

但我們如果用這種順序，由遠而近地認識古代文獻，那恐怕就上當了，上了那些偽冒、偽造者的當。感謝顧頡剛的提醒，讀《尚書》最好是倒過來讀，從「周書」開始，再到「商書」，等到對《尚書》的文風與內容有一定的熟悉了，才來讀「虞夏書」。

讓我們從〈酒誥〉開始讀起。這是西周初期，康叔被封於衛時，周公給他的告誡，留下了官方紀錄。衛這塊封地，包括了殷商的舊都城——朝歌，這是商人勢力大本營，康叔擔負的任務，也就涵蓋了統治居住在此地的商人社群。

〈酒誥〉中的文字與句法，都和「金文」極為類似。我們有理由相信，這些內容很可能最早是在正式封建儀式中，鑄鼎為盟，刻在青銅器上賜給康叔的。

「金文」沒有標點符號，而且又不像《詩》有聲音的規律，可以提供做為斷句的線索，所以很難斷句，於是當時的人就運用了一些符號，來幫忙標示句法。這些符號，也是文字，但其功能既非聲音，也非意義，而是文法上的輔助。《尚書》和「金文」一樣，有許多這類虛字穿插其中，更進一步說明了，這套文字系統並沒有和語言聯繫在一起，是以視覺符號的形式存在的。

〈酒誥〉開頭：「**王若曰**」，〈大誥〉篇開頭：「**王若曰**」，〈康誥〉篇第一段的描述結束後，第二段開頭：「**王若曰**」，〈多士〉篇第一段的描述結束後，第二段開頭：「**王若曰**」，〈君奭〉篇開頭：「**周公若曰**」……這些例子讓我們了解，這裡的「若」字就是個表示敬意的符號，所以通常用在文章中，重要人物第一次開口說話時，用來強調他的尊貴地位，或他說話內容的重要性。這很像是今天我們使用的表情記號，一副很嚴肅、很認真的表情被標記在這裡，只是這些記號和文字並沒有明確的區別。

還有一項麻煩之處。前面提過，「金文」使用的文字符號少於「甲骨文」，所以同樣一個文字符號經常帶有多重的功能。「若」有時當單純的標示記號用，有時卻換成是具備意義的文字，而且在某一段中代表的是「好像」的意思，在另一段卻變成是「柔弱」或「幼小」的意思，不能一概而論，我們只能小心地從累積的閱讀經驗中，儘可能去分辨出來。

《尚書》中比較可信的篇章，文法接近「金文」，很有可能是將原來鑄在青銅上的字句翻抄下來；但檢驗現存「金文」的經驗告訴我們，因為牽涉到複雜的工藝技術過程，加上顯然不是每個工匠都能充分理解、掌握「金文」，所以鑄在青銅上的文字，無可避免夾雜了許多錯誤。最容易察知的，是同一套青銅器上，照理鑄的是完全一樣的銘文，但一比對，中間卻出現了差異，那無疑是鑄造過程中產生的失誤。

鑄的時候可能就有錯，從青銅銘文翻抄下來，又可能出錯，別忘了，後來還要加上另一道將古大篆寫的內容改寫成漢代通用「今文」的手續，這裡頭也可能出錯。

誠實地說：對於《尚書》的文句意義，我們只能大概地模擬、趨近其意義，在把握程度上，是無法和《詩經》相提並論的。

周人的深層焦慮

「**王若曰：『明大命於妹邦。……』**」一個特別被標記為莊嚴地位的王，對受封的康叔說：「你去商王紂原來的那塊地方，昭告他們這件重要的命令。」「大命」指的就是周公代替成王，將「妹邦」封給了康叔，由康叔來管轄的這項決定。

「**『乃穆考文王，肇國在西土，厥誥毖庶邦庶士，越少正、御事，朝夕曰：「祀茲酒。」……』**」要記得我們了不起的父親文王，在西方創立了周。「肇」是開始、建造的意思；「厥」是代名詞，承前文，指文王；「誥毖」換做今天的字就是「告白」，清楚地宣告；「庶」字是複數記號，表示不只一個；「庶邦」就是所屬的邦國；「庶士」是底下負責管事的臣子；「越」是「金文」中常見的連接詞，其用法其實最接近英文中的「and」，但是比現代語言中的「和」、「以及」還要再廣泛些，有轉折「而」的意思，也有因果關係「於是」的意思；「少正」、「御事」都是重要的官職。整句的意思是：還在西方時，文王經常早晚告諭所有的人一項重要的原則：「只有在祭祀時，才能飲酒。」

「『**惟天降命肇我民，惟元祀。……**』」周公援用周人的天命觀提醒康叔：我們能夠成立、能夠發達，不是人力所及，而是上天賜給我們機會與使命，所以只有在「大祀」，也就是祭天時，才能夠用酒、飲酒。

接著說：「『**天降威，我民用大亂喪德，亦罔非酒惟行；越小大邦用喪，亦罔非酒惟辜。……**』」這裡有了一個比較整齊的對句。意思是，天會賜給我們機會，卻也就可以懲罰我們（天降威），如果上天要讓我們敗德亂行，那麼就一定是用酒來害我們。「罔非……惟」是極為強烈的表現方式，指「必定」、「只會是這樣」、「沒有別種可能」。然後說：為什麼我們會知道呢？因為過去的經驗，不管是大邦或小邦，凡是滅亡了的，毫無例外，都一定是被酒所害的。

這裡清楚顯示了兩項周人的重要信念：第一是「天命」，周人相信，以他們在西方邊緣的小國，竟然能夠一舉打敗被他們尊稱為「大邑商」，視為比他們自己強大許多倍的殷商，是因為後面有超越的天的意志在主導。而天不是人可以控制、左右的，人只能小心翼翼保守「天命」，不能敗德亂行。殷商原本費心照顧人民，所以擁有「天命」，但後來商人敗德亂行，所以本來在他們身上的「天命」，就被移轉給了周。同樣道理，如果周人胡搞瞎來，那麼「天命」也會換給別人，帶來周的毀滅，讓周人和商人一樣，淪入失國為奴的悲慘遭遇。

商人的遭遇讓周人產生了根深柢固的「憂患意識」，使得他們長期處於戒慎緊張的狀態中。尤其擔心的，是該如何察覺「天命」還在我們身上呢？於是產生了他們的第二項信念：從殷商的經驗中得來的教訓讓周人發現商朝毀滅過程中最糟糕、最可怕的現象，是他們沉湎於酒，以及酗酒而引發的種種惡行。因而周人相信，喝酒、酗酒，正是「天命」

移轉，一個原來擁有「天命」的民族被天拋棄了的主要跡象。

這很像韋伯（Max Weber, 1864-1920）在《基督新教倫理與資本主義精神》中所描述的那種喀爾文教派信徒心中的焦慮。喀爾文教派主張「預選說」，相信全知全能的上帝早就有了完整的計劃，選好了誰該上天堂誰該下地獄。渺小的人不可能有資格藉由自己在世間的表現，來影響上帝的決定。如果上帝還要拿個點名簿、成績本在那裡考察人的表現才來決定誰上天堂誰下地獄，這還算全知全能嗎？以為自己的行為可以改變上帝的決定，只是人的傲慢與過度自信。

所以依照喀爾文教義，一屋子的人誰是「選民」，早早就決定好了，你做再多好事、上再多課讀再多書，都改變不了這個預選的結果。如果你是喀爾文派的信徒，你會怎樣想？你會覺得：哇，這樣多好，反正做什麼都改變不了結果，那我高興怎麼享樂就怎麼享樂囉！

不是這樣。活在喀爾文派的社群中，如果你縱情聲色，盡量享樂，你就會發現周圍的人用一種高度同情、憐憫，絕非羨慕的眼光看待你。唉，你這樣的作為，不就百分之百證明了你是被上帝放棄的人，是注定死後下地獄的那個嗎？被人家用這種眼光一看，你不會心中悚然一驚，嚇得不敢去看但丁《神曲》裡是怎麼描述地獄的嗎？

喀爾文教徒的焦慮在於如何說服自己：我是上帝「預選」名單上的人。他們小心翼翼表現出像個「預選選民」的模樣。上帝不會選懶人，反過來說，被上帝選上的人不可能懶惰，於是他們非得勤勞不可，稍有懈怠，就開始擔心會不會因為我不在「預選」名單上，所以才這麼懶散？會被上帝選上的人，照理說並不貪圖世間的享受，更不可能耽溺於世俗欲望的滿足，於是他們就得過著簡樸清苦的生活。稍稍吃得浪費些、住得豪華些、聽點美妙的音樂，就不免緊張兮兮地害怕：會不會因為我不在「預選」名單上，所以才會喜歡世俗的享樂？

韋伯分析：就是在這種深度焦慮中出現了一種奇怪的生活態度，勤勤懇懇努力工作，獲致了成就、賺到了錢，可是卻又無論如何不能將這些成就、這些財富轉化為享受。那怎麼辦？只好勤勤懇懇地拿已有的財富去換取更多的財富，就是在這種價值選擇中，產生了資本累積與「資本主義精神」。

周人的「天命」觀念，也給自己帶來類似的深度焦慮。戰戰兢兢地建立起成功的國家，卻絕對不能自滿、不能鬆懈，要一直不斷地自我檢查，看看身上是不是出現了什麼樣跡象，可能代表「天命」的不滿，或「天命」正要離開、移轉。這是「周人精神」，也是周文化的基礎所在。

原則與彈性

接下來：「『**文王誥教小子，有正、有事，無彝酒。越庶國飲，**

惟祀，德將無醉。……』」文王告誡我們這些後輩，以及身負執掌責任的人，不能經常喝酒，不能養成喝酒的習慣。「彝」是「常」的意思，是「經常」，也是「固定不變」。至於那些屬邦（庶國），就只能在祭祀時喝酒，即使祭祀時喝酒，也必須維持正當行為（德），不能喝醉。

「**『惟曰：「我民迪小子，惟土物愛。厥心臧，聰聽祖考之彝訓，越小大德，小子惟一。」……』**」「惟曰」做為一個標示記號，將這段和前面文王的「誥教」區分開來，接著再對康叔耳提面命。「民」，是「勉」的意思：「我勉勵、指導你們這些年輕人，要特別愛惜土地上長出來的東西（重視農業）。你們的心地要善良，要把耳朵豎起來好好聽從祖上前輩的常道，不管大小德行，都以同樣態度重視。」

「聰」字原意本來就是形容耳朵敏銳，可以將細微聲音聽得很清楚。

先訓勉「小子」保持周人的特性，接著對照形容康叔要去的地方：「**『妹土嗣爾股肱，純其藝黍稷，奔走事厥考厥長。肇牽車牛遠服賈，用孝養厥父母，厥父母慶，自洗腆，致用酒。……』**」「妹土」此地的人，是你要去統治的臣民，你要教他們努力種田生產黍、稷等作物，勤勞地事奉父母長上。若是為了要孝養他們的父母，所以必須辛苦地牽牛拉車到遠方去做生意，回來時父母高興地準備了慶宴，那時候是可以喝點酒的。「服賈」是做生意的意思，「洗腆」或做「先腆」，指的是設下盛宴。

周公先對康叔定好了周人自身飲酒的原則，然後交代他管理「妹土」

商遺民喝酒的方式，兩者有明顯的不同。周人是個典型的農業民族，所以還是希望商遺民以土地生產為重，不過他們顯然明瞭這個地方人民有著不同的謀生方式，會牽牛拉車，遠離家鄉到別的地方做買賣。這樣的人，跑一趟遠路回來，父母會要設宴迎接歡聚，此時還不讓他們喝酒，說不過去吧！

這段話中我們可以看出：殷商之民和動物的關係極為密切，很早就懂得利用動物的力量，開發出較佳的遷移、活動能力。雖然沒有明確的文獻證據，不過傳統上講到買賣生意有「坐賈行商」的說法，固定開店的叫做「賈」，流動跑來跑去的叫做「商」，用的就是「商朝」的「商」，兩者應該是有關連的。

「**『庶士、有正、越庶伯君子，其爾典聽朕教。爾大克羞耇惟君，爾乃飲食醉飽。……』**」各種官長、諸侯貴族，都要聽我的指示，你們只有在進獻美食款待老人與長上的特殊場合，才能夠放開來吃喝飲酒。「羞」是美食，做動詞為「進獻美食」之意，「耇」是長壽的老人，「君」是地位較高的長上。

「**『丕惟曰：爾克永觀省，作稽中德，爾尚克羞饋祀，爾乃自介用逸。……』**」「丕」是分段發語的語詞。你們平常要是能經常觀察反省，所作所為都切合標準，那麼再向神明進獻美食時，你們才可以放鬆管制，多喝點酒。「稽」和「中」都是符合、切中的意思，「德」是正當的行為標準。「饋」是進獻、贈送的意思。「自介」就是「自求」，

「用逸」指的是脫離常軌。

這是周公讓康叔帶給「妹土」官員、貴族的訓誡。「**『茲乃允惟王正事之臣；茲亦惟天若元德，永不忘在王家。』**」這樣你們才算是盡到責任的王臣，得到上天善德，也才能長久不會被王朝滅亡。「忘」在此不是遺忘，而是「亡」，滅亡的意思。

「**王曰：『封。我西土棐徂邦君、御事、小子，尚克用文王教，不腆於酒，故我至於今，克受殷之命。』**」「封」是周公對康叔的叫喚。「棐徂」是過往、從前的意思。周公說：封啊！我們在西方興起的時候，從前的諸侯、官長，乃至後輩小子，都能奉行文王的指導，不多喝酒，所以到了今天，我們能夠將讓天命從殷人身上轉移過來。這是再三提醒，周人之所以能打敗殷商，靠的就是不酗酒、不沉溺，教康叔一定不能忘了，絕對不能到了「妹土」去，就被商人給感染影響，失去了原本的清醒紀律。

殷鑑不遠

「王曰：『封。我聞惟曰，在昔殷先哲王，迪畏天顯小民，經德秉哲，自成湯咸至於帝乙，成王畏相。惟御事厥棐有恭，不敢自暇自逸，矧曰：其敢崇飲？……』」周公再進一步告誡康叔，其實商朝早期的賢君，也不是這樣沉迷飲酒的。他說：封！我還聽說，殷商當年聰明有能力的王，他們敬謹對待天命和小民，擁有智慧來按照正確的規範行事，從開國的成湯到帝乙，個個都是努力有所成就的王，旁邊有兢兢業業輔佐的相，抱持謹慎的態度，不敢自我放縱偏離正軌，更不必說敢耽溺喜愛飲酒了！「迪」字是語詞。「天顯」就是天命。「棐」在此是輔佐、協助的意思，「矧曰」是強調的習慣用語，意思是：「那就更不必說」或「何況」。

原來，殷商也是靠謹慎自我節制才發達起來的。周公又接著說：

「『越在外服，侯、甸、男、衛、邦伯；越在內服，百僚、庶尹、惟亞、惟服、宗工，越百姓里居，罔敢湎於酒。不惟不敢，亦不暇。

惟助成王德顯，越尹人祗辟。……』」不只是殷商先王賢相不喝酒，他們所統轄的「外服」——聯盟內遠近不一的這些諸侯邦國——從最近的「侯」到最遠的「邦伯」，以及在殷商本部領有責任的種種官員，再到服從領導的一般部族領袖，以及曾經任事而現在退休了的人，都沒有敢沉溺於喝酒的。他們不只是不敢，平日致力於分內職責，也沒有閒暇可以用來喝酒醉酒。他們在忙什麼？忙著打算彰顯王的明德，以及治理人民，使他們遵守規矩。「尹」是「治理」的意思，「祗」是「敬」，「辟」是「法」，法則、規矩的意思。

「**『我聞亦惟曰，在今後嗣王酣身，厥命罔顯于民，祗保越怨不易。……』**」然後，話題轉入了下一個重點：殷人如果這樣敬謹從事，怎麼會失敗呢？因為有一個對比的大轉折。周公說：我又聽說，是到了最近的這個繼承王位的人——指的就是被周人打敗的紂王——才愛喝酒，以至於他的命令都無法下達於人民，只顧自己所要的，人民怨聲載道，他也不改變。「後嗣王」指的就是紂王。「酣」是沉迷於酒的模樣。「保」是「安」的意思，安於自己的行為。

「『誕惟厥縱淫泆於非彝，用燕喪威儀，民罔不衋傷心。惟荒腆于酒，不惟自息，乃逸。……』」「誕惟」是接續的語詞。紂王放縱自己無節制地沉浸在不正當的享樂中，成天宴飲狂歡，以至於失去了做為一個王應有的威儀，人民沒有不感到痛苦傷心的。每天沉迷於喝酒，無法自我控制停息下來，仍舊沒有回到正道上。「淫」原意是不斷下雨造成淹水，「泆」則是水從水道裡漫淹出來，都是用來形容失控無節制的。「盡」是身體上有傷痛，「盡」和「傷心」連接，凸顯了人民既受到實質的損害，又在心中感到痛苦。

「『**厥心疾很，不克畏死。辜在商邑，越殷國滅無罹。弗惟德馨香，祀登聞于天，誕惟民怨；庶群自酒，腥聞在上，……**』」

而且其心毒狠，指的是紂王，連死亡滅亡都不怕，全無忌憚，因為他而使得商邑有罪，他都不怕殷國會因此而滅亡。沒有做任何可以傳到上天祖先那裡去的好事，祭祀時人民向上天傳去的，都是怨恨。他周圍的人都喝酒，大喝特喝，連上天都聞得到酒氣了。「疾」是有毒會讓人生病的意思。「很」同「狠」。「辜」就是「罪」，尤其是指沒有得到公平、充分懲罰的罪刑，所以今天的成語中有「死有餘辜」的說法，意思是死了都還有沒有償完的罪。「無罹」是不顧忌、不擔心的意思。

「**『故天降喪于殷，罔愛于殷，惟逸。天非虐，惟民自速辜。』**」所以上天就給殷人帶來了毀滅，不再保惜殷人，都是因為他們自己惡搞。這不是上天殘暴，是殷人自己的罪召來的懲罰。「速」是召喚的意思。「天非虐」，同時意指：打敗了殷商，並不是因為我們周人很殘暴，而是因為殷商他們自己造成了這種得罪天的局面，所以招來了滅亡。

周公對紂王的描述，有兩個重點。一個當然是飲酒作樂，這部分後來演變成了「酒池肉林」的誇張描述。另一個重點是他「不克畏死」，就是他心中沒有任何更高的權威，不害怕自己的行為會帶來什麼樣的惡果，連自身和王朝的滅亡都不怕。結果呢？就必然招致自身與王朝的滅亡。

紂王的如此形象，是周人的鮮明對照組。紂王無憂無慮為所欲為，有懲於這樣的教訓，所以周人隨時擔心隨時檢討，不能有片刻鬆懈。「憂患意識」由此而生，是周初周人建立起的自保價值，在各種不同文獻中，不斷反覆強調。

「**王曰：『封。予不惟若茲多誥。古人有言曰：「人無於水監，當於民監。」……』**」再起一段，周公對康叔說：封！我也不多說多訓誡了。你要記得古人的話：「不要拿水來反射看自己的模樣，要透過人民來看自己。」用人民來照，可以比用水來照，照出更清楚的自我真面貌。「監」就是「鑑」，從光滑的表面反映看見自己，古時最普遍、最方便的「鑑」，就是盆中裝水來照。

「『今惟殷墜厥命，我其可不大監撫於時。……』」「時」為「是」的通假字。現在殷商失去了他們的天命，我豈可不重視，以此作為我們的鑑照呢？

「『予惟曰：汝劼毖殷獻臣，侯、甸、男、衛；矧太史友，內史友，越獻臣百宗工；矧維爾事，服休、服采；矧惟若疇，圻父薄違，農父若保，宏父定辟；矧汝剛制於酒。……』」「劼」是「謹慎」的意思，毖是「告知」，「獻臣」就是「賢臣」。「矧」字這裡應該是用作平行的連接符號，第一類、第二類、第三類……這樣排比下來。

周公對康叔說：你去好好告訴那些殷遺留下來的可用的賢臣，外面諸部落的領導，還有太史、內史、眾多宗人，以及負責服侍生活與管理祭祀的人，以及那些掌管司法、農政、器物製造的人，這些人在飲酒上都受到嚴格限制。這意味著，對擔負有協助治理朝歌附近區域責任的人，不可以在喝酒一事上有所通融。「友」加在「太史」、「內史」後面，表示人的複數，這樣的官職有不只一個人。「薄違」，「薄」者「迫」也，說明「圻父」這個官是負責懲罰犯法的。「若保」是「善養」的意思，說明「農父」是負責養育人民的。「定辟」是訂定器具製作的法度，這也就是「宏父」所負責的。

「『厥或誥曰：群飲。汝勿佚，盡執拘以歸于周，予其殺。……』」如果有人告訴我，你們群聚飲酒，你別心存僥倖，我可絕對不會輕易放過，把你們通通抓回周地來，把你們殺了。「『又惟殷之迪諸臣、惟工，乃湎於酒，勿庸殺之，惟姑教之，有斯明享。……』」然而若是本來是殷商的臣民官員而沉溺飲酒，那情有可原，暫時不必殺他們，姑且教導他們，只在祭祀時喝酒。「明享」也是「祭祀」的意思。

這是清楚明白的雙重標準。要在「妹土」代表周人進行統治的，絕對不准犯酒禁，而且給予最嚴厲的威脅，犯了，被我知道了，通通綁回來殺掉。但另一方面，卻又苦口婆心提醒康叔，不要用同樣標準對待殷遺民，他們本來就喝酒喝慣了，得給他們時間，從天天喝酒、常常喝酒，減少、節制到只有祭祀時喝酒，也就可以了。

「**『乃不用我教辭，惟我一人弗恤，弗蠲乃事，時同于殺。』**」如果教了都還不聽，連我周公都不顧念、不放在眼裡，不能放棄他們的習慣，那就同樣該殺了。「恤」是「顧念」的意思。「蠲」是「除去」的意思。

最後周公總結：「**王曰：『封。汝典聽朕毖，勿辯乃司民湎於酒。』**」封，你要好好聽我告訴你的，別讓你屬下人民耽溺於喝酒。「辯」在此是「使」的意思。

追尋治國的原則

藉著和銅器銘文對讀，我們有把握這應該就是周初的文字。裡面有很多後世不用的奇僻文辭，就算是後世繼續普遍使用的字，在《尚書》中往往也有全然不同的意義、不同的用法。《詩經》中有不少篇章，可以用今天的文字直覺，大致猜中詩究竟在說什麼、詠什麼，但同樣的文字直覺，放到《尚書．周書》的內容上，就走不通了。

另外，從內容上、文句間透露出的態度，我們也可以有把握判斷這的確是周初留下的紀錄。〈酒誥〉一直不安地解釋：為什麼殷這個大國會滅亡，也一直小心翼翼提醒自己：周人可沒有什麼犯錯的空間，一旦錯了，會帶來很可怕的結果。

從最可信的青銅銘文上看，周人一直自視為邊陲小國，視殷為「大邑商」，盡管不滿殷商的壓迫欺凌，很有可能文王還死在殷人手中，周人依然不敢輕舉妄動「翦商」。武王大會諸侯於孟津，史書上號稱來了八百諸侯，但結果卻不是出兵攻打殷商，而是下令解散退兵，因為武王仍然沒有把握能夠擊敗商人。

幾年之後，而有「牧野之誓」，武王終於下定決心出兵，但他的主要動機應該還是為文王復仇，向殷商宣示：我們不是那麼好欺負，可以讓你們高興怎樣就怎樣的。出兵時，周人並沒有設定以推翻殷商共主地位為目標。怎麼想也想不到，商人的軍隊如此不堪一擊，一日夜間，周人就打進了朝歌。如此快速的勝利，反而讓周人感到難以置信。

這就是周初他們不斷反覆疑問：「殷商怎麼敗亡的？」背後的強烈動機。因而周初的文獻，集中處理幾件事。第一就是：到底我們怎麼贏？本來壓在我們上面統治我們的殷商又是怎麼輸的？第二則是：贏了之後，我們該怎麼辦？要用什麼方法保有新得到的地位，才不會反而給自己召來禍患？第三：得到了至上的新地位，那我該如何處理敗亡的殷遺民？又該跟他們建立什麼樣的新關係？

環繞著這三大問題，而有了中國古代最早的政治大啟蒙。其核心人物，就是周公。顯然周公主導、塑造了周人這套新的政治理解與政治價值，不只提供了三大問題的明確、合理答案，而且設計、發展了與此答案相配合的行為、制度規範。這是我們理解中國傳統上「周公制禮作樂」說法的一種方式。

第三章　傳說與神靈的時代

〈湯誓〉年代之謎

有了閱讀周初文獻的經驗，接著讓我們讀讀看《尚書・商書》裡的文章。

《尚書・商書》的第一篇〈湯誓〉，是商湯要伐夏桀時的誓師之辭。**「王曰：『格爾眾庶，悉聽朕言。非台小子，敢行稱亂；有夏多罪，天命殛之。……』」**「格」是「來」、「至」的意思，「眾庶」是「大家」，指一起誓師起兵的人。「台」是古語的第一人稱「我」。湯說：大家來吧，請仔細聽我說。並不是我這樣一個人不知輕重，敢於作亂，而是因為「有夏」犯下了許多嚴重錯誤，上天命令我來誅討他們。

「『今爾有眾，汝曰：「我后不恤我眾，舍我穡事，而割正夏。」予惟聞汝眾言。夏氏有罪，予畏上帝，不敢不正。……』」聚集在這裡的眾人啊，你們抱怨著：「我們的領導人不體貼顧念我們，要我們放下農事來征伐夏。」我聽到你們的抱怨，但是夏氏有罪，我敬畏上帝的命令，不敢不前往征伐。這裡兩個「正」，都同於「征」。

「『今汝其曰：「夏罪其如台？」夏王率遏眾力，率割夏邑，有眾率怠弗協。曰：「時日何喪？予及汝皆亡！」夏德若茲，今朕必往。……』」「台」字音 yi，「如台」就是「如何」。「率」字也是連接的語詞，有此又有彼。「遏」是「竭盡」的意思。湯繼續對大家說：聽我口口聲聲說夏氏有罪，你們會問：「夏到底有怎樣的罪？」第一，夏王濫用民力，使得他的人民精疲力竭；第二，他傷害了自己所屬的各個城邑；第三，因為這樣，人民都懈怠而不合作。他們對夏王的不滿高漲到甚至說：「這個太陽啊，你什麼時候會滅亡啊？我願意跟你同歸於盡！」夏氏做到這種程度，現在我一定要前往討伐他。

「**『爾尚輔予一人，致天之罰，予其大賚汝。爾無不信，朕不食言。爾不從誓言，予則奴戮汝，罔有攸赦。』**」這裡的「尚」字是表達祈使的意思。「予一人」和「酒誥」裡出現過的「我一人」同樣，是古代王者謙虛自稱之辭。「賚」是「賞賜」的意思。「奴戮汝」是甲骨文中就出現過的套語，意思是「不只殺了你，還會把你的妻兒降為奴隸來役使」。「攸」通「所」，「罔有攸赦」指「不會有所寬赦」。商湯最後說：「希望你們輔佐我，奉行上天的懲罰，那樣我就會大大加以賞賜。你們不必懷疑，我說到就會做到。要是你們不服從在此的誓言，那麼我會殺了你們，把你們家人收做奴隸，絕對不會有所寬赦。」

〈湯誓〉簡潔有力，是篇環環相扣的好文章。湯先表白起兵的意義，但接著明指被動員來的軍隊心中是有怨言的，所以要更強調地解答他們心中的疑惑，最後利誘與威脅並行，鞏固戰鬥的決心。

相較於周初的〈酒誥〉，應該屬於夏末商初，更早五百年的〈湯誓〉，卻反而好讀。其文法要有規律多了。文章裡出現的同一個字，幾乎都有同樣的意思。其文法規則也很統一。

如果這真的是商湯時代留下來的紀錄，那意味著比殷墟出土的甲骨文，都還早了至少兩、三百年時間。甲骨文必定有其前身發展，不可能一出現就那麼成熟、那麼複雜，然而，有可能甲骨文的前身在文字表達的方式上，會和甲骨文不那麼接近，反而比較接近後來使用的中文嗎？

和〈酒誥〉相比，我們有理由懷疑，號稱為商代文獻的〈湯誓〉，實際成文時間，應該是晚於周初的。尤其是放在「商書」最前面，設定為商湯作品的，其實際書寫記錄的時間，恐怕還是「商書」所有篇章中最晚的，晚於〈盤庚〉等其他諸篇。

巫覡治國——商人的政權基礎

在世系表上，盤庚比商湯晚了十代，合理估算，應該有兩百多年的距離。盤庚是將商人的根據地遷到「殷」這個地方的關鍵人物。盤庚遷殷之後，商人就一直留在「殷」，於是以此為別名，早期周人文獻上，大多稱商人為「殷」。

《尚書》中的〈盤庚〉，有上、中、下三篇，然而這三篇的時序，顯然有錯亂之處。

〈盤庚上〉一開頭就說：「**盤庚遷于殷，民不適有居。……**」盤庚將人民帶離原來的地方，搬到「殷」去，可是人民住了很不高興、很不滿意。這是上篇的主題。〈盤庚中〉開頭是：「**盤庚作，惟涉河以民遷。乃話民之弗率，誕告用亶。……**」意思是盤庚即位後，要帶人民渡河搬家，所以就把那些不願意聽從他領導的人找來，很有誠意地勸告他們。這件事顯然比上篇所說的，要早發生。〈盤庚下〉呢？「**盤庚既遷，奠厥攸居。乃正厥位，綏爰有眾。……**」意思是盤庚帶領搬遷好了，奠定所居之處，正其位，對群眾們宣告。

按照文中事情發生順序，中篇應該在最前面，那是遷殷之前，盤庚要說服不想跟他搬家的人的一番說詞。然後接上篇，那是已經搬過去了，可是人民對盤庚選的新地方很不滿意，多所抱怨，所以盤庚要把他們聚集起來，試圖解消他們的不滿。最後是下篇，這些風風雨雨暫時過去了，可以舉行正式的安居安位典禮，盤庚發表了一份正式文告。

這三篇，應該也不是真正商人遷殷時的實錄文獻。「盤庚」這個名字是否用於商王生時？還是他死後才取得的稱號？有爭議，但多數古史研究者的意見傾向於認為「盤庚」是死後之名。

此外，〈盤庚中〉有這樣的文句：「**殷降大虐，先王不懷，厥攸作，視民利用遷。……**」是說當年上天在殷人身上降下了大災禍，先王感到不安，於是有所作為，為了人民的利益而搬遷。就是引用先王曾經多次遷徙的例子，來替自己的決定辯解。可是這裡盤庚對自己民族的稱呼，竟然是「殷」，他們才剛要準備搬到「殷」這個地方去，怎麼會自稱為「殷」呢？

「殷」是周人對商人這個民族的習慣通稱，在周銘文及文獻中，出現「殷」的頻率，遠遠超過「商」或「殷商」。一個合理的解釋是：周人崛起較晚，他們和商人接觸時，已經到了商將中心搬到「殷」了，所以就用「殷」來指稱這個民族。

不過，從文字語法上看，〈盤庚〉三篇的時代，顯然早過〈湯誓〉。還有，文章中存留著一部分的觀念，看起來和周人信仰有一定的差距，比較接近甲骨文所反映出的商人價值觀。

像是〈盤庚中〉記錄盤庚這樣說：「**汝有戕則在乃心，我先后綏乃祖乃父；乃祖乃父乃斷棄汝，不救乃死。……**」這是他對不聽話，不跟從他搬遷的人的威脅。但他不是威脅要殺他們，也不是要把他們的妻兒收做奴隸，而是說：如果你們有惡念在心頭，我在天上的先王就會去告訴你們在天上的先祖，那麼你們的先祖就會棄絕你們，不再保佑你們，對你們見死不救。

這是典型商朝的權力模式。為什麼商人能夠握有大權，成為共主？就是因為他們掌握了青銅器、甲骨問卜、文字符號等一大套和上天先祖溝通的神祕辦法，對周圍的部落宣稱，他們可以更有效地將意念傳遞給上天先祖，同時更準確地理解上天先祖的意念。也就是說，商人統治的方式，是穿梭在兩個世界之間而形成的，是用自己的先祖壓過別人的先祖，藉此讓他們能在此世壓過別人的部落。

類似的說法，也在〈盤庚上〉出現：「**古我先王，暨乃祖乃父，胥及逸勤，予敢動用非罰？世選爾勞，予不掩爾善。茲予大享於先王，爾祖其從與享之。作福作災，予亦不敢動用非德。……**」先說我的祖先和你們的祖先當年甘苦與共，交情那麼深，我怎會隨便懲罰你們？世世代代我們這一邊一直肯定、稱讚你們的功勞，我當然也不會看不到你們好的地方。接著就婉轉地威脅：關於遷移的事，我要隆重地以祭祀向我的祖先報告，你們的祖先在一旁也會同時知道，讓他們來決定應該怎麼處置你們，不是我個人的意思，我就是遵照我的祖先和你們的祖先的決定，該賞的賞，該罰的罰。這段話同樣是以上天先祖作為更高權威，來壓服這些抱怨、不想搬遷的人。

商人這種政治權力模式，正好是周人所反對，到了周朝之後，就被推翻的。所以周人文獻中幾乎再也找不到這種說法，只保留在〈盤庚〉篇中。

帝堯的用人之道

最後選讀《尚書》中列為第一篇，記錄的事情發生得最早的〈堯典〉。

〈堯典〉的文字看來蠻古的，和後來的用法，有頗大的差異。「**曰若稽古帝堯曰放勳，欽明文思安安，允恭克讓，光被四表，格于上下。克明俊德，以親九族；九族既睦，平章百姓；百姓昭明，協和萬邦。黎民於變時雍。**」和〈酒誥〉、〈湯誓〉、〈盤庚〉都不一樣，〈堯典〉開頭就表明了，這是篇回溯敘述的文章。「稽古」，這是發生在過去的事，過去曾經有過帝堯這個人，他的本名是放勳。他很偉大，所以堆砌了許多對他的稱讚。按照由內而外的程序，記錄他的成就，先拉攏有親屬關係的人，再來讓其他不同氏族都能各得其所，再來就是讓外面的許多部落邦國好好和平共處，於是一般人也就都變得寬和自在了。

接著第二段描述帝堯派了「羲」和「和」兩個氏族負責管理天時，這段文句基本上以對稱排比的形式展開。「**乃命羲和，欽若昊天，歷象日月星辰，敬授人時。分命羲仲，宅嵎夷，曰暘谷，寅賓出日，平秩東作。日中、星鳥，以殷仲春。厥民析，鳥獸孳尾。……**」派「羲仲」（羲家的老二）去住在東邊，負責管日出，管春季。這個季節白天的長度中等，夜晚最明亮的行星是南方七宿（鳥），人民分散下田耕作，鳥獸交配繁衍。

「**申命羲叔，宅南交，平秩南訛，敬致。日永、星火，以正仲夏。厥民因，鳥獸希革。……**」然後派「羲叔」（羲家的老三）去南方，管夏季，這個季節白天很長，最亮的星星是東方七宿（火），人民把衣服脫了才有辦法在田裡工作，鳥獸的毛也都變稀少了。

「**分命和仲，宅西，曰昧谷，寅餞納日，平秩西成。宵中、星虛，以殷仲秋。厥民夷，鳥獸毛毨。……**」又派「和仲」（和家的老二）去西方，管日落，管秋季。這個季節夜晚長度中等，最亮的星星是北方七宿（虛），鳥獸身上的毛又開始長出來了。

「**申命和叔，宅朔方，曰幽都，平在朔易。日短、星昴，以正仲冬。厥民隩，鳥獸氄毛。……**」派「和叔」（和家的老三）去北方，管冬季，這個季節白天特別短，人民躲在屋裡避寒，鳥獸身上長出禦寒的細毛。

表面看起來用字很古奧，但行文的方式卻不斷重複，依循套式。套了四次，組成這段文字。

接下來是一連串的問答。「**帝曰：『疇茲若時登庸？』**」「疇茲」就是「誰」的發問詞。誰能順應天時，是可用的人才呢？「**放齊曰：『胤子朱啟明。』帝曰：『吁，嚚訟可乎？』**」有人推薦堯的大兒子，認為他很聰明，堯的反應是：「什麼？他滿口胡言亂語，又愛跟人家爭辯，怎麼可以？」然後，帝堯又問：「誰能幫忙完成我的工作呢？」「**帝曰：『疇茲若予采？』驩兜曰：『都，共工方鳩僝功。』帝曰：『吁，靜言庸違，象恭滔天。』**」有人推薦共工，覺得他做了很多事，累積了很多功勞。堯的反應是：「什麼？這個人沒事的時候很會說，真正要執行起來就不是那麼回事了，而且他表面很恭敬，實際卻很高傲。」

所薦都非人，堯急了，強調地說：「**帝曰：『咨，四岳。湯湯洪水方割，蕩蕩懷山襄陵，浩浩滔天，下民其咨。有能俾乂？』**」「四方諸侯啊，現在洪水到處為患，人民痛苦不堪，難道都沒有可以用的人嗎？」「**僉曰：『於，鯀哉。』帝曰：『吁，咈哉，方命圮族。』岳曰：『异哉。試可，乃已。』帝曰：『往，欽哉。』九載，績用弗成。**」有人推薦鯀，堯還是不滿意，覺得鯀這個人個性彆扭，不聽命令，會破壞群體。四方諸侯看推薦的人，堯都不想用，就說：「既然是我們推舉的人，你就試用看看，才知道能不能用啊！」堯讓步了，說：「好吧，那就叫他小心地承擔起責任來。」結果，花了九年時間，卻沒有預期的成績。

這段很精采。顯現出堯自己有看人的敏銳眼光，而且標準很高。也顯示了堯沒有私心，不會因為人家推薦的是自己的兒子，就高興地附和。還有，顯示了他周圍的「四岳」在眼光和能力上，都跟堯差了一大截，這就聯繫到後面一段要說的事情。

「**帝曰：『咨，四岳。朕在位七十載，汝能庸命，巽朕位。』岳曰：『否德忝帝位。』曰：『明明揚側陋。』**」

堯對四方諸侯說：「我已經在位七十年了，你們之中有能承擔大任的，我要把帝位讓給他。」四方諸侯都說：「我們沒那種德行和能力，叫我們接位，只會污辱了帝位。」四方諸侯自己沒有辦法繼位，他們過去推薦的人堯又看不上，所以堯就說：「那麼不妨從地位比較低下的人中去尋找明才吧！」

「師錫帝曰：『有鰥在下，曰虞舜。』帝曰：『俞，予聞，如何？』岳曰：『瞽子，父頑，母嚚，象傲，克諧以孝，烝烝乂不格姦。』」開放徵才，有了群眾的推薦結果。推薦了一個叫虞舜的人，年紀不小了，卻還沒娶妻。堯就徵詢四方諸侯的意見：「嗯，我也聽過這個人的名字，他怎麼樣呢？」四方諸侯提供了進一步的訊息，這個人之所以沒娶妻，因為生在一個麻煩的家庭，爸爸是個瞎子，而且還個性頑劣，媽媽嘮叨跋扈，弟弟象又很傲慢不聽話，不過舜卻可以靠著他的孝心讓家庭和諧，讓家庭有所長進，有秩序不出問題。

「帝曰：『我其試哉。』女于時，觀厥刑於二女。釐降二女于媯汭，嬪于虞。帝曰：『欽哉！』」堯接受了，願意試試舜。於是將兩個女兒嫁給舜，看他如何當這兩個妻子的典範榜樣，堯送女兒前往媯水灣去嫁給舜，特別告誡女兒，要謹慎從事。

把女兒嫁過去之後，堯開始試驗舜的能力。「**慎徽五典，五典克從；納于百揆，百揆時敘；賓于四門，四門穆穆；納於大麓，烈風雷雨弗迷。帝曰：『格汝舜，詢事考言，乃言底可績，三載，汝陟帝位。』**」堯試驗舜的方式，包括一步步將教育、行政、外交的工作交給他處理，舜都能處理得當；也包括讓他去到山林野地，即使遇到了大風打雷下雨，舜都始終鎮定不恐慌，不會迷失。堯很滿意，對舜說：「拿事情問你，將你所給的意見付諸實行，都能有好的功效，三年過去了，你來接我的帝位吧！」

〈堯典〉中記錄堯將帝位讓給舜之後，接著描述舜繼位後種種做法，就構成了〈舜典〉的內容。較早的版本沒有〈舜典〉的，是梅賾將原來的一篇分成兩篇。

〈堯典〉、〈舜典〉中，有著許多套式。將事情用四方或四時的格式分別敘述，這種習慣，顯然是後起晚出的。用自然分類來架構大系統，用大系統來統納一切，這種風格，在戰國時最為流行。從內容及思考模式上判斷，我們有理由相信〈堯典〉成文的時間，不會早過於春秋。裡頭有部分字句可能起源甚早，片段地流傳下來，到春秋戰國之際，才有人將之連綴成篇。

這也就意味著，作為「虞夏書」開頭的第一篇，〈堯典〉的時代，非但不會早於〈湯誓〉，還應該更晚。

附錄

《尚書》選摘

〈周書・牧誓〉

時甲子昧爽，王朝至于商郊牧野，乃誓。

王左杖黃鉞，右秉白旄以麾，曰：「逖矣，西土之人！」

王曰：「嗟！我友邦冢君、御事、司徒、司馬、司空，亞旅、師氏，千夫長、百夫長，及庸、蜀、羌、髳、微、盧、彭、濮人。稱爾戈，比爾干，立爾矛，予其誓。」

王曰：「古人有言曰：『牝雞無晨。牝雞之晨，惟家之索。』今商王受惟婦言是用，昏棄厥肆祀弗答，昏棄厥遺王父母弟不迪，乃惟四方之多罪逋逃，是崇是長，是信是使，是以為大夫卿士。俾暴虐于百姓，以奸宄于商邑。今予發惟恭行天之罰。今日之事，不愆于六步、七步，乃止齊焉。勗哉夫子！不愆于四伐、五伐、六伐、七伐，乃止齊焉。勗哉夫子！尚桓桓如虎、如貔、如熊、如羆，于商郊弗迓克奔，以役西土，勗哉夫子！爾所弗勗，其于爾躬有戮！」

〈周書・武成〉 出自《古文尚書》

惟一月壬辰，旁死魄。越翼日，癸巳，王朝步自周，于征伐商。

厥四月，哉生明，王來自商，至于豐。乃偃武修文，歸馬于華山之陽，放牛于桃林之野，示天下弗服。

丁未，祀于周廟，邦甸、侯、衛，駿奔走，執豆、籩。越三日，庚戌，柴、望，大告武成。

既生魄，庶邦塚君暨百工，受命于周。

王若曰：「嗚呼，群后！惟先王建邦啟土，公劉克篤前烈，至于大王肇基王跡，王季其勤王家。我文考文王克成厥勳，誕膺天命，以撫方夏。大邦畏其力，小邦懷其德。惟九年，大統未集，予小子其承厥志。

厎商之罪，告于皇天、后土、所過名山、大川，曰：『惟有道曾孫周王發，將有大正于商。』今商王受無道，暴殄天物，害虐烝民，為天下逋逃主，萃淵藪。予小子既獲仁人，敢祗承上帝，以遏亂略。華夏蠻貊，罔不率俾。恭天成命，肆予東征，綏厥士女。惟其士女，篚厥玄黃，昭我周王。天休震動，用附我大邑周。惟爾有神，尚克相予以濟兆民，無作神羞！」

既戊午，師逾孟津。癸亥，陳于商郊，俟天休命。甲子昧爽，受率其旅若林，會于牧野。罔有敵于我師，前徒倒戈，攻于後以北，血流漂杵。一戎衣，天下大定。乃反商政，政由舊。釋箕子囚，封比干墓，式商容閭。散鹿臺之財，發鉅橋之粟，大賚于四海，而萬姓悅服。

列爵惟五，分土惟三。建官惟賢，位事惟能。重民五教，惟食、喪、祭。惇信明義，崇德報功。垂拱而天下治。

〈周書・酒誥〉

闗王若曰：「明大命於妹邦。乃穆考文王，肇國在西土；厥誥毖庶邦庶士，越少正、御事，朝夕曰：『祀兹酒。』惟天降命肇我民，惟元祀。天降威，我民用大亂喪德，亦罔非酒惟行；越小大邦用喪，亦罔非酒惟辜。文王誥教小子，有正、有事，無彝酒。越庶國飲，惟祀，德將無醉。惟曰：『我民迪小子，惟土物愛。厥心臧，聰聽祖考之彝訓，越小大德，小子惟一。』妹土嗣爾股肱，純其藝黍稷，奔走事厥考厥長。肇牽車牛遠服賈，用孝養厥父母，厥父母慶，自洗腆，致用酒。庶士、有正、越庶伯君子，其爾典聽朕教。爾大克羞耇惟君，爾乃飲食醉飽，丕惟曰：爾克永觀省，作稽中德。爾尚克羞饋祀，爾乃自介用逸。茲乃允惟王正事之臣；茲亦惟天若元德，永不忘在王家。」

王曰：「封。我西土棐徂邦君、御事、小子，尚克用文王教，不腆於酒。故我至於今，克受殷之命。」

王曰：「封。我聞惟曰，在昔殷先哲王，迪畏天顯小民，經德秉哲，自成湯咸至於帝乙，成王畏相。惟御事厥棐有恭，不敢自暇自逸，矧曰：其敢崇飲？越在外服，侯、甸、男、衛、邦伯；越在內服，百僚、庶尹、惟亞、惟服、宗工，越百姓里居，罔敢湎於酒。不惟不敢，亦不暇。惟助成王德顯，越尹人祇辟。我聞亦惟曰，在今後嗣王酣身，厥命罔顯于民，只保越怨不易。誕惟厥縱淫泆於非彝，用燕喪威儀，民罔不盡傷心。惟荒腆于酒，不惟自息，乃逸。厥心疾很，不克畏死。辜在商邑，越殷國滅無罹。弗惟德馨香，祀登聞於天，誕惟民怨，庶群自酒，腥聞在上，故天降喪於殷，罔愛于殷，惟逸。天非虐，惟民自速辜。」

王曰：「封。予不惟若茲多誥。古人有言曰：『人無於水監，當於民監。』今惟殷墜厥命，我其可不大監撫於時。予惟曰：汝劼毖殷獻臣，侯、甸、男、衛；矧太史友、內史友，越獻臣百宗工；矧惟爾事，服休、服采；矧惟若疇，圻父薄違，農父若保，宏父定辟；矧汝剛制於酒。厥或誥曰：群飲。汝勿佚，盡執拘以歸於周，予其殺。又惟殷之迪諸臣、惟工，乃湎於酒，勿庸殺之，姑惟教之，有斯明享。乃不用我教辭，惟我一人弗恤，弗蠲乃事，時同于殺。」

王曰：「封。汝典聽朕毖，勿辯乃司民湎於酒。」

無「彝」酒：音「宜」，義「常」

羞「耇」惟君：音「茍」

「棐」徂邦君：音「匪」，義「彼」

厥「棐」有恭：音「匪」，義「輔」

「矧」曰：音「審」，義「況且」

厥縱淫「泆」：音「亦」，義「溢」

不「蠹」傷心：音「細」，義「傷痛」

「劼」毖：音「節」，義「慎」

「矧」太史友：音「審」，義「亦」

弗「蠲」乃事：音「捐」，義「免除」

〈商書．湯誓〉

王曰：「格爾眾庶，悉聽朕言。非台小子，敢行稱亂；有夏多罪，天命殛之。今爾有眾，汝曰：『我后不恤我眾，舍我穡事，而割正夏』予惟聞汝眾言。夏氏有罪，予畏上帝，不敢不正。今汝其曰：『夏罪其如台？』夏王率遏眾力，率割夏邑，有眾率怠弗協。曰：『時日何喪？予及汝皆亡！』夏德若茲，今朕必往。爾尚輔予一人，致天之罰，予其大賚汝。爾無不信，朕不食言。爾不從誓言，予則奴戮汝，罔有攸赦。」

非「台」小子：音「宜」，義「我」

予其大「賚」汝：音「賴」，義「賞賜」

〈商書・湯誥〉

王歸自克夏，至于亳，誕告萬方。

王曰：「嗟！爾萬方有眾，明聽予一人誥。惟皇上帝，降衷于下民。若有恆性，克綏厥猷惟后。夏王滅德作威，以敷虐于爾萬方百姓。爾萬方百姓，罹其凶害，弗忍荼毒，並告無辜于上下神祇。

天道福善禍淫，降災于夏，以彰厥罪。肆台小子，將天命明威，不敢赦。敢用玄牡，敢昭告于上天神后，請罪有夏。聿求元聖，與之戮力，以與爾有眾請命。上天孚佑下民，罪人黜伏，天命弗僭，賁若草木，兆民允殖。俾予一人輯寧爾邦家，茲朕未知獲戾于上下，慄慄危懼，若將隕于深淵。凡我造邦，無從匪彝，無即慆淫，各守爾典，以承天休。爾有善，朕弗敢蔽；罪當朕躬，弗敢自赦，惟簡在上帝之心。其爾萬方有罪，在予一人；予一人有罪，無以爾萬方。嗚呼！尚克時忱，乃亦有終。」

〈商書・盤庚上〉

盤庚遷於殷，民不適有居。率籲眾戚出矢言。曰：「我王來，既爰宅於茲；重我民，無盡劉。不能胥匡以生；卜稽曰其如台？先王有服，恪謹天命；茲猶不常寧，不常厥邑，於今五邦。今不承於古，罔知天之斷命，矧曰其克從先王之烈？若顛木之有由蘖，天其永我命於茲新邑，紹復先王之大業，底綏四方。」

盤庚斆於民，由乃在位，以常舊服，正法度。曰：「無或敢伏小人之攸箴！」王命眾，悉至於庭。

王若曰：「格汝眾。予告汝訓。汝猷黜乃心，無傲從康。古我先王，亦惟圖任舊人共政。王播告之，修不匿厥指，王用丕欽。罔有逸言，民用丕變。今汝聒聒，起信險膚，予弗知乃所訟。

非予自荒茲德，惟汝含德，不惕予一人。予若觀火。予亦拙謀，作乃逸。若網在綱，有條而不紊；若農服田力穡，乃亦有秋。汝克黜乃心，施實德於民，至於婚友；丕乃敢大言，汝有積德。乃不畏戎毒于遠邇，惰農自安，不昬作勞，不服田畝，越其罔有黍稷。汝不和吉言於百姓，惟汝自生毒，乃敗禍姦宄，以自災於厥身。乃既先惡於民，乃奉其恫，汝悔身何及！相時憸民，猶胥顧於箴言；其發有逸口，矧予制乃短長之命？汝曷弗告朕，而胥動以浮言，恐沈於眾？若火之燎於原，不可向邇，其猶可撲滅。則惟汝眾自作弗靖，非予有咎。

遲任有言曰：『人惟求舊；器非求舊，惟新。』古我先王，暨乃祖乃父，胥及逸勤，予敢動用非罰？世選爾勞，予不掩爾善。茲予大享於先王，爾祖其從與享之。作福作災，予亦不敢動用非德。予告汝於難；若射之有志。汝無侮老成人，無弱孤有幼。各長於厥居，勉出乃力，聽予一人之作猷。無有遠邇，用罪伐厥死，用德彰厥善。邦之臧，惟汝眾；邦之不臧，惟予一人有佚罰。凡爾眾，

其惟致告：自今至於後日，各恭爾事，齊乃位，度乃口。罰及爾身，弗可悔。」

「爰」宅於茲：音「元」，義「於此」

無盡「劉」：義「殺」

卜稽曰其如「台」：音「宜」，「如台」解作「如何」

若顛木之有由「蘖」：音「聶」，義「樹木斷折後長出的新芽」

「底」綏四方：音「止」，義「定」

「斆」於民：音「孝」，義「教」

不「暋」作勞：音「敏」，義「勉力」

相時「憸」民：音「先」，「憸民」解作「口舌尖利之小人」

〈商書・盤庚中〉

盤庚作，惟涉河以民遷。乃話民之弗率，誕告用亶。其有眾咸造，勿褻在王庭。盤庚乃登進厥民。曰：「明聽朕言，無荒失朕命。嗚呼！古我前後，罔不惟民之承保，後胥慼；鮮以不浮於天時。殷降大虐，先王不懷，厥攸作，視民利用遷。汝曷弗念我古後之聞？承汝俾汝，惟喜康共；非汝有咎，比於罰。予若吁懷茲新邑，亦惟汝故，以丕從厥志。

今予將試以汝遷，安定厥邦。汝不憂朕心之攸困，乃咸大不宣乃心，欽念以忱；動予一人。爾惟自鞠自苦：若乘舟，汝弗濟，臭厥載。爾忱不屬，惟胥以沈。不其或稽，自怒曷瘳？汝不謀長，以思乃災；汝誕勸憂。今其有今罔後，汝何生在上？今予命汝一，無起穢以自臭，恐人倚乃身、迂乃心。予迓續乃命於天；予豈汝威？用奉畜汝眾。予念我先神後之勞爾先；予丕克羞爾，用懷爾然。失於政，陳於茲，高後丕乃崇降罪疾；曰：『曷虐朕民！』

汝萬民乃不生生，暨予一人猷同心，先後丕降與汝罪疾；曰：『曷不暨朕幼孫有比！』故有爽德，自上其罰汝，汝罔能迪。古我先後，既勞乃祖乃父，汝共作我畜民。汝有戕則在乃心，我先后綏乃祖乃父；乃祖乃父乃斷棄汝，不救乃死。茲予有亂政同位，具乃貝玉。乃祖乃父，丕乃告我高後曰：『作丕刑於朕孫。』迪高後丕乃崇降弗祥。嗚呼！今予告汝不易：永敬大恤，無胥絕遠；汝分、猷念以相從，各設中於乃心。乃有不吉不迪，顛越不恭，暫遇姦宄；我乃劓殄滅之，無遺育，無俾易種於茲新邑。往哉生生！今予將試以汝遷，永建乃家。」

誕告用「亶」：音「膽」，義「誠」
自怒曷「瘳」：音「抽」，義「病癒」
「迓」續乃命：音「訝」，義「用」
「劓」殄滅之：音「亦」，義「截斷」

〈商書・盤庚下〉

盤庚既遷，奠厥攸居。乃正厥位，綏爰有眾。曰：「無戲怠，懋建大命。今予其敷心腹腎腸，歷告爾百姓于朕志。罔罪爾眾；爾無共怒，協比讒言予一人。古我先王，將多于前功，適于山。用降我兇，德嘉績于朕邦。今我民用蕩析離居，罔有定極。爾謂朕：『曷震動萬民以遷？』肆上帝將復我高祖之德，亂越我家。朕及篤敬，恭承民命，用永地于新邑。肆予沖人，非廢厥謀，吊由靈。各非敢違卜，用宏茲賁。嗚呼！邦伯、師長、百執事之人，尚皆隱哉。予其懋簡相爾，念敬我眾。朕不肩好貨；敢恭生生，鞠人、謀人之保居，敘欽。今我既羞告爾于朕志，若否，罔有弗欽。無總于貨寶，生生自庸。式敷民德，永肩一心。」

〈虞夏書・堯典〉

曰若稽古帝堯曰放勳。欽明文思安安，允恭克讓，光被四表，格于上下。克明俊德，以親九族；九族既睦，平章百姓；百姓昭明，協和萬邦。黎民於變時雍。

乃命羲和，欽若昊天，曆象日月星辰，敬授人時。分命羲仲，宅嵎夷，曰暘谷，寅賓出日，平秩東作。日中、星鳥，以殷仲春。厥民析，鳥獸孳尾。申命羲叔，宅南交，平秩南訛，敬致。日永、星火，以正仲夏。厥民因；鳥獸希革。分命和仲，宅西，曰昧谷，寅餞納日，平秩西成。宵中、星虛，以殷仲秋。厥民夷，鳥獸毛毨。申命和叔，宅朔方，曰幽都，平在朔易。日短、星昴，以正仲冬。厥民隩，鳥獸氄毛。帝曰：「咨！汝羲暨和。朞三百有六旬有六日，以閏月定四時，成歲。」允釐百工，庶績咸熙。

帝曰：「疇咨若時登庸？」放齊曰：「胤子朱啟明。」帝曰：「吁，嚚訟，可乎？」帝曰：「疇咨若予采？」驩兜曰：「都，共工方鳩僝功。」帝曰：「吁，靜言庸違，象恭滔天。」帝曰：「咨，四岳，湯湯洪水方割，蕩蕩懷山襄陵，浩浩滔天，下民其咨。有能俾乂？」僉曰：「於，鯀哉。」帝曰：「吁，咈哉，方命圮族。」岳曰：「异哉。試可，乃已。」帝曰：「往，欽哉。」九載，績用弗成。

帝曰：「咨，四岳。朕在位七十載；汝能庸命，巽朕位。」岳曰：「否德忝帝位。」曰：「明明揚側陋。」師錫帝曰：「有鰥在下，曰虞舜。」帝曰：「俞，予聞，如何？」岳曰：「瞽子，父頑，母嚚，象傲，克諧以孝，烝烝乂不格姦。」帝曰：「我其試哉。」女于時，觀厥刑于二女。釐降二女于嬀汭，嬪于虞。帝曰：「欽哉！」

慎徽五典，五典克從；納于百揆，百揆時敘；賓于四門，四門穆穆；納於大麓，烈風雷雨弗迷。帝曰：「格汝舜，詢事考言，乃言底可績，三載，汝陟帝位。」舜讓于德，弗嗣。正月上日，受終于文祖。

鳥獸毛「毨」：音「顯」，義「重生」
鳥獸「氄」毛：音「冗」，義「毛多」
厥民「隩」：音「玉」，義「入內」
方鳩「僝」功：音「禪」，義「具有」
有能俾「乂」：音「亦」，義「治理」
「烝烝」乂不格姦：音「蒸」，義「上進」

中國傳統經典選讀1

追尋永恆的天命　尚書

2014年1月初版　　定價：新臺幣200元
2022年1月初版第三刷

著　　者　楊　照
叢書編輯　陳逸達
整體設計　江宜蔚

副總編輯　陳逸華
總 編 輯　涂豐恩
總 經 理　陳芝宇
社　　長　羅國俊
發 行 人　林載爵

出 版 者　聯經出版事業股份有限公司
地　　址　新北市汐止區大同路一段369號1樓
叢書主編電話　(02)86925588轉5305
台北聯經書房　台北市新生南路三段94號
電　　話　(02)23620308
台中分公司　台中市北區崇德路一段198號
暨門市電話　(04)22312023
郵政劃撥帳戶第0100559-3號
郵撥電話　(02)23620308
印 刷 者　文聯彩色製版印刷有限公司
總 經 銷　聯合發行股份有限公司
發 行 所　新北市新店區寶橋路235巷6弄6號2F
電　　話　(02)29178022

行政院新聞局出版事業登記證局版臺業字第0130號

本書如有缺頁，破損，倒裝請寄回台北聯經書房更換。　ISBN 978-957-08-4341-5 (平裝)
聯經網址 http://www.linkingbooks.com.tw
電子信箱 e-mail:linking@udngroup.com

國家圖書館出版品預行編目資料

追尋永恆的天命　尚書／楊照著．初版．新北市．聯經．
2014.01．144面．13.5×21公分．(中國傳統經典選讀；1)
ISBN 978-957-08-4341-5（平裝）
[2022年1月初版第三刷]

1尚書　2.研究考訂

621.117　　103000431